SOUVENIRS

ET RÉFLEXIONS

D'UN PÈLERIN DE ROME

EN JUIN 1862

Par M. l'abbé PETIT

Missionnaire de l'Immac'le Conception, à Nantes

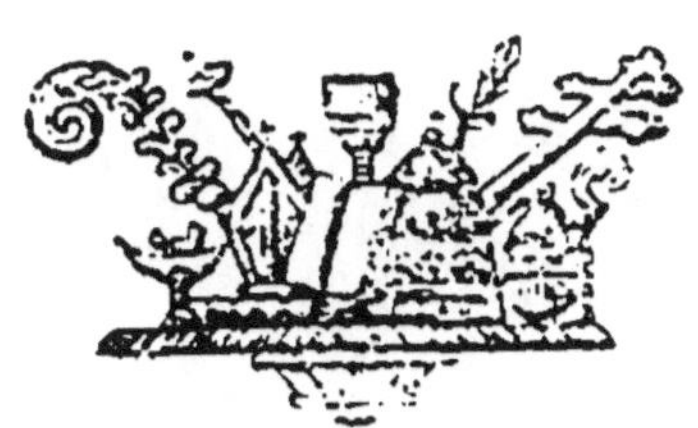

A NANTES

CHEZ MAZEAU, LIBRAIRE.

Vis-à-vis l'Evêché.

SOUVENIRS ET RÉFLEXIONS

D'UN PÈLERIN DE ROME

En Juin 1862.

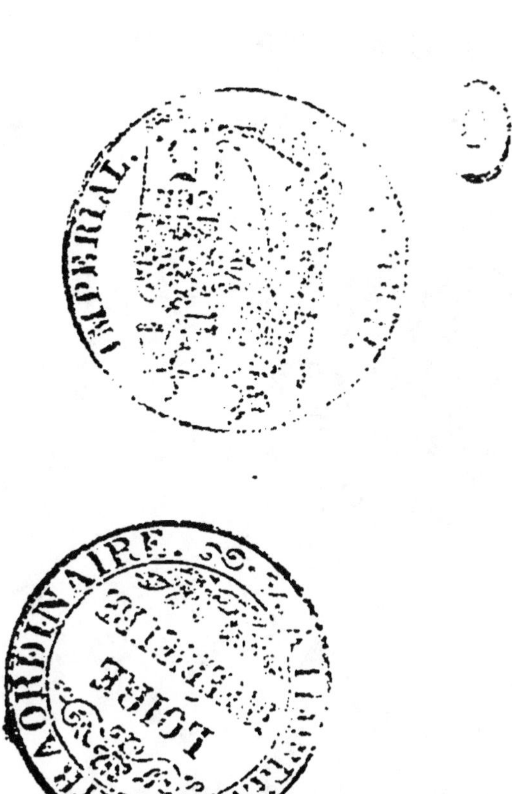

SOUVENIRS

ET RÉFLEXIONS

D'UN-PÈLERIN DE ROME

EN JUIN 1862

Par M. l'abbé PETIT

Missionnaire de l'immaculée Conception, à Nantes.

NANTES

IMPRIMERIE M. BOURGEOIS

Rue du Pas-Périlleux, 10.

Les pages que l'on va lire n'étaient nullement destinées à la publicité. Tout récemment arrivé de Rome, j'ai dû rendre compte
de mon voyage devant un auditoire que je
connais et dans un sanctuaire qui m'est cher
à bien des titres. A cause, sans doute, du sujet qu'elles traitaient, ces simples paroles
furent accueillies avec une attention toute
particulière et une bienveillance marquée. Je
n'avais pas d'autre ambition, je le déclare en
toute simplicité, que de les prononcer ce
jour-là, et j'étais parfaitement convaincu
qu'elles ne méritaient pas un plus grand re-
tentissement.

On en a pensé autrement ; et l'obéissance
me fait aujourd'hui le devoir de les livrer à
l'impression. On veut se persuader qu'elles
ne seront pas sans intérêt et sans utilité. Me
sera-t-il permis de dire que j'estime ce juge-
ment beaucoup trop favorable, et qu'en m'y
soumettant et en acceptant de signer ces

lignes, je ne fais que m'incliner devant des volontés auxquelles je ne dois pas résister ?

Un mot seulement sur cet humble travail. Que ceux qui consentiront à le lire veuillent bien se rappeler que mon intention n'a pas été de traiter à fond bien des questions qui viennent se rattacher comme naturellement à la trame de ce récit et auxquelles je n'ai pu que toucher en passant. Après tant d'écrits où l'éloquence et le savoir le disputent à l'autorité et à la haute raison, il y aurait, certes, une grande prétention à vouloir apporter de nouvelles lumières dans cette grave *question romaine*. Il ne faut donc chercher ici ni une discussion approfondie, ni une étude complète : ce ne sont que les *Souvenirs* d'un pèlerin de Rome, qui raconte simplement ce qu'il a vu, et livre quelques-unes des *Réflexions* que lui ont suggérées les grands spectacles et les magnifiques solennités dont il a été témoin.

Je donne ces paroles à peu près telles qu'elles furent prononcées : quelques-unes de mes pensées, toutefois, ont reçu de nouveaux développements. Quant au reste, les légères modifications qui ont été introduites n'ont eu pour but que de corriger certaines manières de dire et certaines formules de langage qui conviennent plutôt au discours parlé qu'à la narration écrite; ce qui n'empêchera pas, sans doute, de reconnaître encore, en plus d'un endroit de ce travail, son origine et sa première destination.

Quel que soit le sort réservé à ces pages, rien ne me fera regretter de les avoir écrites. Elles resteront, du moins, comme un mémorial de ce cher voyage de Rome accompli dans des circonstances si exceptionnelles, et que je regarderai toujours comme un des plus grands bonheurs de ma vie. Mais je serais surtout mille fois heureux d'apprendre, dans l'éternité, qu'elles ont servi à rattacher encore plus fortement quelques catholiques à cette grande cause du Pape, de laquelle dépendent les intérêts les plus sacrés, et qu'elles ont ainsi contribué, dans la modeste sphère qu'elles ne peuvent prétendre franchir, à la glorification de la sainte Église et au salut des âmes : double but auquel est consacrée ma vie tout entière!

22 Juillet 1862.

SOUVENIRS ET RÉFLEXIONS

D'UN PÈLERIN DE ROME

EN JUIN 1862.

———————————

*Non enim possumus quæ vidimus
et audivimus non loqui.*

(ACT. IV, 20.)

Il y a peu de sujets à la fois plus actuels et
plus importants que celui que je me propose
d'esquisser ici. Que faut-il, en effet, à l'heure
présente, pour éveiller dans les âmes les
plus vives émotions et rappeler ces questions capitales et brûlantes qui tiennent le
monde entier, les rois aussi bien que les peuples, dans une attente pleine d'anxiété? Il suffit
de prononcer un nom, le nom de Rome! Oui,

c'est vers Rome que sont tournés, à ce moment si solennel dans l'histoire, tous les regards et toutes les pensées, toutes les haines et toutes les affections, toutes les craintes et toutes les espérances. Voilà pourquoi tout ce qui traite de Rome et de ce qui s'y rattache est sûr de provoquer un intérêt puissant; et cet intérêt s'accroît peut-être encore, quand celui qui parle est un témoin qui a vu et qui a entendu.

A défaut d'autres qualités, j'apporte au moins celle-là. Et j'oserais presque répéter ici la parole des Apôtres, à qui l'on défendait autrefois de rappeler au peuple les faits qui attestaient la divinité du Sauveur : « Je ne puis pas ne pas parler de ce que j'ai vu et de ce que j'ai entendu. *Non enim possumus quæ vidimus et audivimus non loqui.* »

Mais que dirai-je pour répondre à l'attente et satisfaire la légitime curiosité que le titre de cet opuscule excite naturellement? J'aimerais, sans doute, à parler des divers incidents du voyage, depuis le départ jusqu'au retour. J'aimerais surtout à raconter cette ravissante traversée sur la Méditerranée, ces chants délicieux qui se firent entendre sur le pont du navire, le saint Sacrifice de la Messe, offert à bord par un évêque, les élans qui s'échappèrent de toutes les âmes, quand la côte d'Italie se découvrit aux regards impatients, et que la brise semblait déjà nous apporter sur les flots comme un parfum de cette Rome que nos cœurs allaient tout-à-l'heure saluer !... J'aimerais encore à redire nos pieuses excursions à quelques sanctuaires plus vénérés : à ce rocher pittoresque de Subiaco, où le jeune et noble saint Benoît alla chercher une retraite solitaire, et qui devint le berceau de la vie monastique en Occident ; à Lorette, où il nous a été donné de baiser les murailles de la petite maison où vécut Marie, et où le Verbe de Dieu se fit homme ; à tant d'autres sanctuaires (car on en rencontre à chaque pas, sur cette terre d'Italie), où nous avons eu le bonheur d'aller nous agenouiller et prier !

Oui, je serais heureux de refaire, par la pensée, tous ces pèlerinages ; mais il me semble qu'on attend ici autre chose de moi. On désire que je parle de Rome, du Saint-Père, des fêtes splendides dont nous avons été témoins. Je ne tromperai pas cette attente ni ces désirs. Et d'ailleurs, si je voulais recueillir moi-même mes souvenirs, je sens que ceux-là domineraient tous les autres ; et je pourrais, en définitive, raconter tout mon voyage en disant : J'ai vu Rome, — j'ai vu le Pape, — j'ai vu les fêtes de la canonisation.

Qui suis-je au vis-à-vis de ceux qui me liront ? Enfant de la grande famille catholique, je suis l'un de leurs frères ; et je vais leur parler de Rome, notre commune patrie, que je viens de visiter ; du Pape, ce père bien-aimé, que j'ai eu le bonheur de voir et d'entendre; des fêtes incomparables célébrées en l'honneur de quelques autres de nos frères, que nous ne connaîtrons que dans l'éternité.

Dieu me garde, en parlant de ces choses, de sortir du terrain de la foi et du christianisme, pour me placer à un point de vue humain ou politique, et soulever des questions irritantes! Ce que je désire pour ces paroles, ce n'est pas qu'elles fassent du bruit, mais qu'elles soient utiles : il n'y a pas d'autre préoccupation, en ce moment, au fond de mon cœur.

I.

Rome! c'est un grand nom que celui-là! nom mystérieux qui signifie, à la fois, la force et l'amour. On l'a remarqué avec vérité : nulle bouche ne le prononce avec indifférence. C'est un nom qui a la puissance, et je dirai la gloire, de susciter les plus profondes sympathies ou les haines les plus implacables. Pourquoi cela? Et qu'est-ce donc que Rome? Qu'est-ce que cette ville étrange, qui a ainsi le privilége de passionner également pour elle ou contre elle?

I. Il y a plusieurs manières d'étudier Rome, et on peut l'envisager à divers points de vue. Au point de vue purement matériel et humain, si l'on se contente d'un premier regard qui ne s'arrête qu'à la surface des choses, qu'est-ce que Rome? Une ville grande, sans doute, renfermant dans son sein une nombreuse population, couvrant une assez vaste superficie de terrain, et présentant, incontestablement, sur plusieurs de ses points, des spectacles qui ne sont pas sans grandeur et sans majesté. Mais enfin, nous n'y avons pas vu ces beautés d'un certain ordre, beautés froides et vulgaires que l'on rencontre dans nos capitales ordinaires, là où a passé ce souffle que l'on est convenu d'appeler la civilisation moderne : souffle qui, en renversant tout ce qui lui faisait obstacle ou gênait la libre circulation, a créé des quartiers nouveaux, des rues larges et parfaitement alignées, des habitations commodes et régulières, laissant un facile passage à l'air et au soleil, des boulevards se prolongeant à des distances immenses. Je ne veux pas, certes, médire de toutes ces choses : elles peuvent avoir leur utilité et leur importance. Mais je dis qu'à Rome, ce n'est pas cela! A Rome, il n'y a rien de vulgaire, c'est presque dire qu'il n'y a rien de moderne. Eh! croyez-vous que la capitale du monde, la reine des cités, va s'amuser à se parer de ces beautés de troisième ordre? Non; elle ne les néglige pas, assurément ; mais elle les met à leur place, et ses premières préoccupations ont un objet plus élevé.

Un voyageur superficiel, à qui manquerait le sens chrétien, c'est-à-dire le sens du vrai et du beau (car c'est le christianisme seul qui le donne dans toute sa plénitude), qui s'imaginerait que la grandeur, la beauté et l'importance d'une ville ne consistent que dans le mouvement du commerce, les agitations de la Bourse, le développement des industries, la fumée noire des usines, ou même, je ne craindrai pas de dire ceci, dans l'irréprochable propreté de la voie publique et la sévère organisation de la police, éprouverait, en visitant Rome, un certain étonnement, peut-être même un mépris plein d'orgueil. Pourquoi tant d'hommes ont-ils mal jugé Rome? pourquoi tant d'écrivains en ont-ils parlé avec un si superbe dédain, et dans des termes où l'insolence le dispute au ridicule? Ah! sans doute, c'est quelquefois par parti pris et par haine jurée, mais c'est souvent aussi par inintelligence. Privés du sens chrétien, ils ne comprennent pas Rome; ils ne comprennent que ce qui est à leur hauteur, et Rome est trop élevée pour eux. Ils parlent de ce qu'ils ne connaissent pas : ce sont des aveugles qui dissertent sur les couleurs, et des sourds qui veulent prononcer sur la justesse des sons; ils blasphèment ce qu'ils ignorent, *quæcumque enim ignorant blasphemant* (1).

(1) Jud. 10.

C'est qu'en effet, pour apprécier Rome, la science humaine et l'esprit naturel ne suffisent pas. Je ne craindrai pas de le dire, il faut une âme profondément chrétienne et catholique; il faut un cœur éclairé des divines révélations de la foi, ayant l'idée du surnaturel et le sens du divin. Ceux à qui ces dons sacrés font défaut ne pourront jamais connaître Rome, et tout ce qu'ils en diront ne servira qu'à prouver en eux, avec cette impuissance radicale, l'absence de toute foi. Il ne faut donc pas se laisser ébranler par tout ce que l'on entend dire contre Rome, par tout ce qu'on peut lire soi-même dans de misérables brochures, comme il s'en publie beaucoup trop de nos jours. Tous ceux qui parlent et écrivent ainsi ne sont que des chrétiens incomplets, et par conséquent, encore une fois, incapables de comprendre et de juger; peut-être même ne sont-ils pas autre chose que des impies.

Ah! ce qu'il y a à redouter pour l'avenir de Rome, sait-on bien ce que c'est? Ce n'est pas qu'elle reste ce qu'elle est, ce que nous l'avons vue, avec ce cachet spécial qui la caractérise. Non! Ce qu'il y a à redouter pour elle, c'est que les idées de ces réformateurs nouveaux et dangereux ne viennent à prévaloir un jour; c'est qu'ils entrent eux-mêmes, et ceux qu'ils défendent, à leur suite, dans cette Rome, avec leur prétendue civilisation avancée qui n'est, au fond, qu'une véritable barbarie, puisque c'est le triomphe de la matière sur l'esprit.

Qu'on ne s'y trompe pas, Rome cesserait d'être, le jour où, n'étant plus la capitale du monde catholique, elle descendrait au simple rôle de capitale d'un royaume ordinaire. Rome devenant une ville moderne, administrée à la façon moderne, ne serait plus la véritable Rome; elle perdrait sa grandeur, sa dignité, son parfum! Ce serait une déchéance lamentable! Ce serait un malheur capable d'arracher des profondeurs de l'âme ces soupirs que poussait autrefois le prophète, à la vue de Jérusalem dévastée : Quoi! est-ce bien là cette Rome, la Ville par excellence, la joie et l'orgueil du monde? *Hæccine est urbs perfecti decoris, gaudium universæ terræ* (1)? C'est à nous, Catholiques, d'obtenir par nos prières et de mériter par nos œuvres, que ce jour n'arrive jamais.

II. Ce n'est donc pas sous cet aspect purement humain et tout-à-fait secondaire qu'il faut étudier Rome, si on veut la connaître et la juger. Il faut aller chercher ailleurs l'intérêt puissant qui s'attache à cette ville et le secret du prestige dont elle jouit. Rome, c'est, avant tout, la capitale de l'univers, c'est le centre du monde moral, c'est la patrie des âmes. C'est de là que partent la vérité, l'autorité, la doctrine : principes féconds qui enfantent la vertu, l'amour, la sainteté, tout ce qui honore l'homme sur la terre et tout ce

____

(1) *Thren.* II. 15.

qui lui ouvre le ciel. Enlevez Rome du monde avec le rôle qu'elle remplit, le monde rétrograde de dix-huit siècles, et retourne au paganisme.

C'est à Rome que nous trouvons nos origines chrétiennes. Sans doute, comme Chrétiens, nous sommes nés à Jérusalem ; c'est là que se sont accomplis les mystères fondamentaux du christianisme, et nous avons tous été enfantés à la vie surnaturelle au pied du Calvaire, dans le sang de Jésus-Christ. Mais Jérusalem devait être détruite : c'était la prédiction du prophète, c'était la volonté de Dieu. Le passé lui appartenait, l'avenir devait être à Rome. Telle était l'incomparable destinée de cette ville : Dieu qui avait voulu qu'elle fût la maîtresse du monde païen, lui avait, en même temps, fait la mission mille fois plus haute d'être le centre du monde chrétien. D'ailleurs, que venait faire le christianisme sur la terre ? « Il venait, comme on l'a dit, régénérer l'hu- » manité corrompue. Or, n'était-il pas conve- » nable que le centre de l'action régéné- » ratrice fût établi dans le lieu même qui était » le plus grand foyer de la corruption uni- » verselle ? Les conseils de Dieu éclataient » par là d'une manière admirable (1). »

Aussi, qu'avons-nous vu à Rome ? Qu'y avons-nous trouvé ? Partout les preuves de la divinité

______

(1) Mgr Gerbet. — *Esquisse sur Rome chrétienne.*

du christianisme, avec les témoignages les plus authentiques de la prédication évangélique. Nous avons vu, au pied du Capitole, où montaient autrefois les triomphateurs romains, et sur le sommet duquel devait briller, plus tard, la croix de Jésus-Christ, la prison Mamertine, où saint Pierre et saint Paul demeurèrent enchaînés pendant neuf mois. Là, dans ce noir cachot, qui rappelle aussi des souvenirs païens qui n'ont pas, certes, autant de puissance que les autres pour émouvoir le cœur, il se fait dans l'âme chrétienne comme une lumière éblouissante : elle comprend alors, elle voit tout ce qu'il y a de divin dans l'établissement du christianisme sur la terre. Ailleurs, dans une église consacrée au Prince des Apôtres, nous avons baisé avec un attendrissement religieux et nous avons passé à notre cou les chaînes qui l'avaient garotté. Et voici un peu plus loin, sur une des sept collines de la Ville Éternelle, au sommet du Janicule, l'endroit même où fut plantée la croix sur laquelle mourut saint Pierre ; puis, à quelque distance de Rome, sur la route d'Ostie, le lieu où fut décapité saint Paul.

Qu'avons-nous vu à Rome ? Des églises catholiques s'élevant partout où s'élevaient autrefois des temples païens. A la place du temple de Jupiter Capitolin, un sanctuaire dédié à la Mère de Dieu, invoquée sous le doux nom de Porte-du-Ciel ; sur l'emplacement des Thermes de l'empereur Dioclétien, l'église de Sainte-Marie-des-

Anges ; celle de Sainte-Marie-du-Peuple , tout près du lieu où, suivant les témoignages les plus anciens (1), avaient été déposées les cendres de Néron : là où s'élevaient les autels du dieu Mars, le délicieux sanctuaire qui renferme le tombeau de sainte Martine et les reliques vénérées de plusieurs autres dames romaines, martyrisées en haine de la foi ; l'église de sainte Agnès s'élevant au lieu même où était autrefois le *lupanar* du cirque de Sévère : sanctuaire splendide, que le voyageur catholique ne visite pas sans émotion, et qui lui rappelle, avec la victoire du christianisme , les circonstances si touchantes et si miraculeuses du martyre de cette jeune fille de treize ans, qui triompha des deux plus redoutables puissances du paganisme, la volupté et la cruauté ; le Panthéon, avec sa coupole à ciel ouvert, autrefois consacré à toutes les divinités païennes, et maintenant à tous les martyrs de Jésus-Christ.....

Que dirai-je encore ? Je pourrais parcourir ces quatre cents églises de Rome, et montrer presque partout le christianisme substitué au paganisme. Ici, ce sont des débris de temples anciens, des colonnes, des marbres, des fragments d'idoles, conservés pour l'ornement des sanctuaires élevés au vrai Dieu et servant à la glorification de ses saints. Là, ce sont des temples entiers qui ne sont, en quelque sorte,

______

(1) Suétone.

eux-mêmes que de vastes reliques : la maison de Martial, où, suivant la tradition, les apôtres saint Pierre et saint Paul se rencontrèrent avec saint Luc qui écrivit, sous leur dictée, une partie des *Actes des Apôtres* (1); les appartements, changés aujourd'hui en église, du sénateur Pudens, chez qui demeura saint Pierre, où il fit ses premières prédications et ses premières conquêtes à la foi, et où sainte Pudentienne et sainte Praxède, les deux filles de l'illustre sénateur, emportaient les corps des martyrs et recueillaient religieusement les gouttes de leur sang!

Qu'avons-nous vu à Rome? Les objets les plus sacrés, témoins irrécusables qui rappellent, avec les principales circonstances de la vie du Sauveur, les mystères les plus adorables de sa Religion : dans la basilique de Sainte-Marie-Majeure, une des plus majestueuses de la Ville Eternelle, une portion considérable de la crèche

---

(1) C'est aujourd'hui la crypte de l'église Sainte-Marie *in viâ latâ*. Cette église possède un chapitre dont a fait partie, autrefois, le Souverain-Pontife Pie IX. C'est de cette prison que saint Paul, *le prisonnier du Christ,* écrivit son épître à Philémon, pour implorer la grâce de l'esclave Onésime, et sa seconde à son cher Timothée, dans laquelle il disait cette parole, si fièrement indépendante, et qui sera, dans tous les temps, la parole des Apôtres et des Pontifes persécutés pour Jésus-Christ : Je suis en prison, mais la parole de Dieu n'est pas enchaînée. *Sed verbum Dei non est alligatum.* (II Tim., II, 9.)

de l'Enfant Jésus ; dans la basilique de Sainte-Croix-en-Jérusalem, érigée par sainte Hélène, la mère de Constantin le Grand, sur l'emplacement même occupé, auparavant, par les jardins de cet infâme empereur qui s'appelait Héliogabale, les reliques les plus précieuses de la Passion du Sauveur, et jusqu'à l'écriteau qui fut placé au haut de sa croix pour proclamer sa royauté ; dans la basilique de Saint-Jean-de-Latran, la table de la Cène sur laquelle Jésus-Christ institua le sacrement de la divine Eucharistie. Comment, à la vue de toutes ces choses si grandes, si divines, ne pas sentir sa foi se fortifier et son cœur s'attendrir dans un sentiment de reconnaissance et d'amour ?

Enfin, qu'avons-nous vu à Rome ? Ah ! nous avons vu un monument qui, plus que tous les autres peut-être, nous a écrasé de sa majesté et de ses souvenirs : nous avons vu le Colysée, c'est-à-dire le colosse par excellence ! Ruines magnifiques, grandioses, les plus vastes et, sans contredit, les plus éloquentes qui soient au monde ! Là, dans l'enceinte de ce monument qui pouvait contenir 100,000 spectateurs, l'ancien peuple romain, le peuple-roi, le maître de l'univers, donnait, pour distraire les ennuis de César et pour rassasier les honteuses convoitises de la foule, des fêtes étranges où le luxe et les folles dépenses le disputaient à la cruauté et à l'infamie. Là, des milliers de chrétiens furent jetés aux bêtes ! Là, votre nom, ô Jésus, fut insulté et maudit par la multitude ; mais, en même temps, il fut proclamé et béni par vos martyrs ! Là, les gladiateurs se livraient des luttes sanglantes pour l'amusement du peuple, et prononçaient, en passant devant la tribune de l'empereur, ces fameuses paroles que l'histoire a conservées : *Morituri te salutant !* O César, ceux qui vont mourir te saluent !

Et maintenant, dans cette vaste enceinte, dépouillée et solitaire, il n'y a plus qu'une simple croix de bois ! C'est elle qui règne aujourd'hui, et qui règnera jusqu'à la fin des siècles. Tous ceux qui ont voulu l'abattre ont été brisés, et en passant devant elle, ils ont pu lui dire : *Morituri te salutant !* O croix divine, nous te saluons avant de mourir ! Et les ennemis nouveaux de la croix, fussent-ils aussi forts et aussi puissants que les empereurs romains, seront vaincus eux aussi par sa faiblesse ; et malgré tous leurs complots, malgré l'audace sacrilége des uns et l'hypocrisie plus ou moins mal déguisée des autres, ils passeront, et la croix demeurera ! Et bientôt ils pourront lui dire à leur tour : O croix de Jésus-Christ, quelle est donc ta puissance ! Tu vis, tu règnes, tu restes debout, et nous, qui pensions t'abattre, voilà que nous allons mourir : *Morituri te salutant !* On comprendra quels sentiments durent saisir nos âmes quand, réunis à une multitude innombrable de pèlerins, évêques, prêtres, fidèles, nous fîmes tous ensemble, dans le Colysée, le Chemin de la Croix, et lorsque la parole inspirée d'un évêque français (1) nous jetait des flots d'éloquence et les plus sublimes pensées !

Et après le Colysée, nous avons vu les Catacombes. Nous sommes descendus dans les profondeurs de la terre ; nous avons parcouru avec étonnement ces longues et silencieuses galeries : à droite et à gauche des tombeaux où furent déposés les corps des martyrs ; de distance en distance, des salles plus vastes où se célébraient les mystères sacrés et où se firent entendre, aux premiers jours de l'Eglise, les chants des généreux athlètes de la foi ; des peintures vieilles comme le Christianisme et qui attestent, avec son antiquité, sa divinité.

J'aimerais, évoquant mes souvenirs, prolonger ces détails et continuer à montrer ces contrastes frappants. Mais, on le comprend facilement, je n'ai pas l'intention de rappeler ici tout ce que renferme Rome, et tout ce que nous y avons vu ; je fais, à dessein, de larges omissions, et le plan, d'ailleurs, de ce travail n'exige pas que j'en dise davantage. Je le demande, toutefois, n'y a-t-il pas là de quoi affermir et, en même temps, justifier les croyances chrétiennes ? Ah ! malheur à celui qui, après

____

(1) Mgr Bertheaud, évêque de Tulle.

avoir vu Rome, ne se sentirait pas plus croyant et plus catholique.

Voilà ce que c'est que Rome étudiée au véritable point de vue. Sans doute, elle est remarquable par bien d'autres côtés : la Providence a toujours voulu qu'elle fût la patrie des grands hommes et des grandes choses. A Rome tout parle, et toute parole y est éloquente. Là, sont réunis tous les chefs-d'œuvre de l'esprit humain ; nulle autre ville n'est comparable à celle-là. Mais ce qui fait sa gloire première, et ce qui explique aussi pourquoi elle a pu conquérir cette prééminence, c'est, encore une fois, parce qu'elle est le centre du monde moral, le berceau de l'humanité chrétienne, la patrie des âmes.

III. Ces principes nous conduisent à des conséquences de la plus haute gravité. Rome étant ce que nous venons de dire, ne doit appartenir à personne en particulier : elle doit être la patrie commune de tous.

A Rome, il ne peut pas, il ne doit pas y avoir d'autre roi que le Pape. Non, cela ne peut pas être, non-seulement parce que les droits de la justice la plus élémentaire s'y opposent, mais parce que c'est une nécessité fondée sur la nature même des choses. Il y aurait donc, à tenter le contraire, plus qu'une injustice, il y aurait une absurdité et un non-sens. Y pensez-vous, ô partisans insensés autant que criminels d'une unité chimérique? « Mais, alors,

» il faudrait raser Rome tout entière et en re-
» faire une à votre taille ! Restez donc à votre
» place ; et, pour l'honneur de l'Italie et du
» monde, laissez à la sienne le Vicaire immor-
» tel de Jésus-Christ (1). »

Chacun, en pénétrant dans les murs de la Ville-Eternelle, doit sentir qu'il entre chez soi, qu'il est en quelque sorte dans la maison pater-nelle, et non pas chez un roi quelconque qui veut bien lui permettre de fouler, pendant quelques jours, un sol qui lui appartient.

Et c'est bien là, en effet, le sentiment qu'on éprouve et que nous avons éprouvé comme tous les autres, en vivant à Rome. On sent qu'on est réellement chez soi : on est à l'aise, libre, et j'ajoute heureux comme dans la maison de son père. Père ! n'est-ce pas ainsi que nous nommons celui qui règne à Rome ? Et, comme l'a si suavement dit un illustre évêque, « tous,
» tant que nous sommes, grands et petits,
» nous l'appelons de ce nom caressant que les
» petits enfants donnent à leur père : *Papa*, le
» Pape (2). »

Aussi, tout le monde est également ac-cueilli par cette douce paternité ; il n'y a d'exclusion pour personne ; s'il y a des préfé-rences, elles sont pour les plus grandes infor-

----

(1) Discours de Mgr Dupanloup, évêque d'Orléans, prononcé à Rome, dans l'église de Saint-André de la Vallée, le 3 juin 1862.

(2) Mgr Pie, évêque de Poitiers. *Instruct synod.* (1856).

tunes, pour les enfants les plus malheureux. Et si, dans des jours mauvais, la violence, l'injustice, la trahison chassent des rois et des reines de leurs Etats, c'est à Rome qu'ils viennent chercher un asile sûr et une royale hospitalité.

Il y a certains écrivains qui ont prétendu que l'on ne trouvait à Rome que la contrainte, le malaise, parce qu'on rencontrait dans tous ceux qui ont une part plus ou moins directe au gouvernement pontifical, je ne sais quelle morgue, quel air de domination, quelle insupportable fierté. C'est là une insigne calomnie, contre laquelle je suis heureux d'avoir l'occasion de protester, en passant. Nulle part, l'autorité n'est à la fois plus élevée et plus modeste, plus éclairée et plus condescendante. En même temps qu'elle comprend, comme elle le doit, sa dignité, elle sait se montrer, dans tous ses actes, imprégnée de la simplicité de l'Evangile (1).

(1) Oserai-je dire que nous avons partout trouvé, à Rome, nous qui pourtant n'étions rien, l'accueil le plus bienveillant, quelquefois même le plus affectueux? Et il y a tel prélat qui approche de très près Sa Sainteté, et que sa science et ses vertus bien connues semblent désigner pour les plus hautes dignités de l'Eglise, qui a eu pour nous des bontés et des égards qui nous ont grandement touché et confondu, en nous inspirant la plus profonde reconnaissance. Que Mgr Nardi veuille bien nous permettre de dire ici que son souvenir est pour nous un des plus agréables parfums que nous ayons emportés de Rome.

Il suffit, ce semble, de jeter un simple regard sur Rome pour se convaincre qu'elle a bien été bâtie pour être la capitale du monde entier. Sa population habituelle ne suffit pas à remplir ses nombreuses et vastes habitations. Et malgré le nombre prodigieux de catholiques (je ne veux pas dire d'étrangers) qui s'y trouvaient rassemblés, il y a quelques jours, on n'y était pas à la gêne : la Ville n'était pas remplie, et on se mouvait à l'aise dans sa large enceinte.

Mais si Rome n'avait pas été une ville neutre, indépendante, n'appartenant à personne, précisément parce qu'elle est à tous; si un autre que le Pape avait trôné au Vatican, je le demande, cette réunion d'évêques, de prêtres, de fidèles accourus de tous les pays du monde, aurait-elle eu lieu? Non, évidemment. Les ombrages de la politique, les susceptibilités du pouvoir, les raisons d'Etat, les jalousies nationales, que sais-je? mille autres causes encore l'eussent rendue impossible. Ah! on le sait bien! Et ceux qui parlent d'une *Eglise libre dans l'Etat libre*, n'ignorent pas que Rome cessant d'être ce qu'elle est, ce que la Providence l'a faite, il n'y aurait plus de liberté possible pour l'Eglise. Et c'est là le résultat qu'ils veulent obtenir; et c'est ce que Dieu, nous l'espérons, ne leur accordera jamais !

Qu'on me permette de citer ici quelques paroles empruntées à l'Adresse présentée par l'épiscopat catholique au Souverain-Pontife.

Ces grandes et nobles paroles établissent avec
la plus irrécusable autorité la nécessité pour
Rome de rester indépendante de tout pouvoir
étranger : « Comment, Très-Saint Père, en ce
» moment même, tant d'évêques de toutes les
» parties du monde auraient-ils pu venir ici
» en sécurité traiter avec Votre Sainteté des
» choses les plus graves, si, membres des
» nations et sujets des gouvernements les plus
» divers, ils avaient dû rencontrer à Rome un
» souverain hostile ou suspect à leurs souve-
» rains ?... C'est parce que vous êtes libre, ô
» Pontife-Roi, que nous venons librement à
» vous, pasteurs de nos églises et citoyens de
» nos patries, et n'ayant en aucune façon à
» sacrifier l'un de nos devoirs à l'autre. » (1)

Il me semble que de telles paroles valent bien
tontes les déclamations des ennemis de Rome
et de l'Eglise ; que cet Acte solennel, signé par
trois cents évêques, c'est-à-dire par trois cents
personnages également recommandables par leur

(1) *Qui porrò vel hac vice fieri potuisset, ut Ecclesiæ
antistites securi hùc ex toto orbe accurrerent cum Sanc-
titate Tua de rebus gravissimis acturi, si ex tot et tàm
diversis regionibus gentibusque confluentes, princi-
pem aliquem invenissent his oris dominantem qui vel
principes ipsorum in suspicione haberet, vel illis, sus-
pectus ipse, adversaretur ?... Ad liberum ergo Pontifi-
cem Regem venimus liberi, Ecclesiæ rebus utpote pas-
tores, et patriæ utpote cives bene et æque consulentes,
neque Pastorum, neque civium officia posthabentes.*
(Adresse des évêques. 9 juin 1862).

caractère, leur science, leurs vertus, a pour le moins autant de force que tout ce qui a été fait dans un sens opposé, que toutes ces *brochures* signées de noms plus ou moins célèbres, et que tous ces discours prononcés par des lèvres encore plus habiles qu'éloquentes! Mais quoi! ne pouvons-nous pas dire que c'est l'univers tout entier qui a parlé par la bouche de ses représentants, pour affirmer que Rome, ce centre où doivent librement se réunir les catholiques de toutes les parties du monde, ne peut appartenir à nul autre qu'au Pape? Oui! voilà le sentiment de la catholicité entière! A côté de cela, que sont, que peuvent être les réclamations isolées de quelques hommes égarés ou impies?

Je ne regrette pas de rappeler rapidement toutes ces pensées; je sais qu'elles ont été présentées déjà, des milliers de fois, mais on semble toujours les oublier. Si elles devaient contribuer à affermir dans quelques-uns de ceux qui les retrouveront ici, les bonnes convictions, j'en bénirais le ciel.

J'arrive maintenant, plus spécialement, à la personne sacrée du Souverain-Pontife.

II.

Je ne me trompe pas, et je crois honorer ceux qui me lisent, en pensant qu'ils sont avides de détails concernant le Saint-Père, et qu'ils accueilleront avec la respectueuse curiosité de la piété filiale tous les renseignements donnés par un témoin sincère et véridique. Ces désirs s'harmonisent trop bien avec les besoins de mon propre cœur, pour que je ne sois pas heureux d'y répondre. La difficulté sera de le faire comme je le voudrais, de parler comme je sens, et de choisir ce qui convient au milieu de tant de choses que je pourrais dire et parmi tant de souvenirs qui m'émeuvent.

I. Il n'est personne qui n'ait vu souvent, reproduits avec plus ou moins de fidélité, les traits vénérés de Pie IX; chacun aime à posséder quelques-uns de ses portraits, et ne se lasse pas d'admirer cette physionomie si bonne, si noble, si franche, si sympathique. Eh bien! qu'on me permette de le dire, on n'a rien vu sur ces froides images. Quoi donc! si ce procédé merveilleux qui a été découvert de nos jours et qui reproduit, dit-on, les traits avec une si parfaite exactitude, ne peut pas rendre la physionomie de Pie IX, que pourrais-je moi-même avec de pauvres paroles? Comment peindre ce visage auguste tout empreint d'une sérénité céleste ? ce front si pur et si beau, ce regard si limpide et si doux, ce sourire si fin et si gracieux qui s'épanouit toujours sur ses lèvres ? Comment redire ce calme parfait, cette angélique résignation, la joie et l'espérance qui transpirent dans l'expression de son visage, à côté de je ne sais quoi qui semble trahir une douleur intime, mais contenue? Ah! vraiment, quand on regarde Pie IX, on ne sait trop si c'est un homme ou un ange que l'on contemple!

Et puis, quelle simplicité touchante! quel abandon paternel! Qu'il était bon, quand, dans l'audience que nous avons eu le bonheur d'obtenir de lui, il nous parlait avec la familiarité d'un père conversant avec ses enfants! Et nous, que nous étions heureux quand, saisissant sa main sacrée, cette main qui bénit le monde, la main du Vicaire de Jésus-Christ, nous la pressions dans les nôtres et la couvrions de nos embrassements! Que nous étions heureux, prosternés à ses pieds, quand il nous bénissait, nous, nos familles, nos amis, tous ceux qui nous sont chers et à qui nous portons intérêt! quand il nous disait, avant de nous congédier, avec des larmes dans les yeux, aussi ému que nous l'étions nous-mêmes : *Allons, mes enfants, avec la prière nous triompherons!* Ah! ce sont là de ces scènes que l'on n'oublie jamais! Ce sont de ces souvenirs que l'on conserve toujours parmi les meilleurs et les plus chers de sa vie!

Mais avec cette simplicité, quelle dignité imposante! Comme il sait bien allier, ainsi que le Sauveur Jésus dont il est le représentant visible sur la terre, ces deux qualités de toute véritable grandeur : la bonté et la majesté! Non, je ne savais pas jusqu'à quel point un homme peut prendre des proportions qui dépassent la hauteur d'un simple mortel, avant d'avoir vu le grand spectacle dont j'ai été témoin, à Rome, au jour de l'Ascension, lorsque Pie IX a donné la bénédiction à la Ville et au monde : *Urbi et Orbi!* Je n'oublierai jamais l'impression profonde que j'ai ressentie quand je l'ai vu se lever sur son trône au haut du grand balcon de la basilique de Saint-Jean-de-Latran, et étendre majestueusement ses bras pour embrasser le monde et le bénir, pendant que les vibrations sonores de sa voix magnifique et puissante retombaient sur l'immense multitude agenouillée et recueillie ! Ah ! qu'on dise que ce sont là de ces mises en scène dont l'Eglise a le secret pour frapper les yeux des simples et fasciner les foules, à la bonne heure ! Mais qui donc, en dehors de l'Eglise, pourrait, sans faire une ridicule contre-façon, simuler ces scènes grandioses et exercer cette action sur les âmes ? Et n'y a-t-il pas là quelque chose qui accuse la présence du divin ?

Je parle de Pie IX, et je tiens à dissiper ici certaines inquiétudes qu'on a cherché, dans ces derniers temps, à répandre parmi les catholiques, dans un but que l'on devine aisément. On a dit que la santé du Souverain-Pontife était compromise, affaiblie, languissante; qu'il ne fallait pas se faire illusion, mais s'attendre, dans un avenir plus ou moins prochain, à un dénouement fatal. Mensonges que tous ces bruits ! Ils sont habilement colportés, je le sais, par quelques hommes qui voudraient que leurs désirs fussent des réalités, et on les retrouve presque chaque jour répétés dans certaines feuilles par des plumes aussi peu sincères qu'elles sont impies. Eh bien ! non, les jours du Souverain-Pontife ne sont pas menacés ! Non, malgré une certaine indisposition qui ne présente nulle gravité, sa santé n'est pas compromise ! Il porte vigoureusement, je l'assure, le poids de sa verte vieillesse, et il peut encore voir descendre au tombeau un grand nombre de ceux qui voudraient sa fin prochaine. Je le dis avec une grande simplicité, mais avec une joie plus grande encore, comme un enfant qui arrive de voir son vieux père et qui est heureux d'en donner des nouvelles toutes récentes à ses frères et à ses sœurs qui n'ont pas eu le même bonheur que lui : Oui ! le Saint-Père jouit d'une bonne santé !

Cependant, je n'ai rien dit encore de Pie IX. S'il est vrai que le visage est le miroir de l'âme, quelle belle âme que la sienne ! Que de qualités, en effet, sont renfermées dans ce sanctuaire intime ! Quelle force unie à la douceur ! Quelle invincible énergie quand il s'agit du droit et du devoir ! Quelle noble attitude au milieu des situations les plus difficiles, en face des périls les plus sérieux ! Quelle in-

flexible volonté devant les plus effrayantes menaces ou les plus astucieuses promesses ! Qu'on
me montre, en Europe, à l'heure qu'il est,
un caractère plus grand et plus digne d'admiration que celui de Pie IX ! Et puis, car
je ne veux pas omettre ceci, quelle délicatesse
merveilleuse ! Comme il sait bien dire et bien
faire les choses ! Je pourrais citer ici plusieurs
traits : qu'on me permette d'en rappeler un seul
dont j'ai été témoin, et que les journaux, peut-
être (je l'ignore), ont rapporté dans le temps.

C'était le jour de notre départ de la Ville
Eternelle. Nous étions réunis avec une foule
d'autres pèlerins dans une des salles du Vatican,
désireux de voir une dernière fois Pie IX et
de recevoir de lui une dernière bénédiction.
A l'une des portes de cette salle, à l'extérieur,
se trouvaient quelques femmes à qui les gar-
des, dans leur impitoyable consigne, refusaient
de franchir le seuil. Parmi ces femmes, il y
en avait une venue de bien loin; son costume,
insolite à Rome, attirait un peu sur elle les
regards de la foule; elle portait la coiffure des
paysannes vendéennes. C'était la mère de deux
jeunes soldats pontificaux; elle les avait donnés
volontiers à la défense de l'Eglise et du Saint-
Siége. Dans l'intérieur de la salle, plus heureux qu'elle, se trouvaient ses deux enfants et
leur père. Le Souverain-Pontife ne tarde pas
à paraître; tous se prosternent devant lui; il
parcourt les rangs, et chacun a le bonheur de

baiser sa main et de recevoir de lui une petite médaille. Eh quoi! la pauvre mère sera-t-elle condamnée à contempler de loin cette scène touchante! N'aura-t-elle pas le bonheur de recevoir, elle aussi, une bénédiction? Le Saint-Père est informé de son désir et de ses craintes : il en est touché : et bientôt, dérogeant aux usages ordinaires, laissant de côté toute étiquette qui pourrait gêner la bonté délicate de son cœur, il fend, de nouveau, la foule, il ouvre lui-même la porte, il s'arrête devant cette mère qui tombe à genoux comme anéantie d'émotion et de bonheur, il lui adresse les plus bienveillantes paroles, et lui donne une bénédiction spéciale! Pauvre mère! vous la méritiez bien! Mais quelle magnifique récompense de votre généreux sacrifice! Et comme ce jour devra compter parmi les plus beaux de votre vie!.....

Je ne finirais pas, si je voulais donner une connaissance complète de Pie IX. Au reste, il n'y a sur ce point qu'une seule voix: c'est un concert unanime d'éloges qui n'est troublé par aucune note discordante. Tous, en parlant de lui, amis ou ennemis, ne peuvent s'empêcher d'exprimer leur admiration sur son caractère et ses vertus. On a de lui cette pensée qu'il reçoit du ciel des illuminations particulières, et qu'il semble lire à travers toutes les incertitudes de l'avenir; c'est ainsi qu'on explique son inaltérable sérénité. Ce que nous pouvons, du moins, attester, c'est que nous avons souvent entendu dire, à Rome, cette parole qui est le plus grand éloge que l'on puisse faire d'un homme, et qui, ici, n'est point un éloge exagéré, mais n'est que l'expression de la plus exacte vérité : C'est un saint !

II. Mais Pie IX est Roi; pour le bien juger, il faut le considérer aussi dans son gouvernement, et il faudrait peut-être savoir, tout d'abord, quel est son entourage et quelle est sa cour.

Je n'ai pas l'intention de toucher, ici, à bien des points plus ou moins délicats, de redresser bien des erreurs commises avec plus ou moins de bonne foi, de relever bien des calomnies. Rien, pourtant, ne serait plus facile que de justifier le gouvernement pontifical. C'est un travail, du reste, qui a déjà été fait plusieurs fois, et de la manière la plus victorieuse. (1).

(1) Parmi les remarquables travaux qui ont été publiés, dans ces derniers temps, sur cette question, et dont la plupart sont dus à la plume de nos évêques français, qu'on nous permette de signaler la magnifique *Instruction synodale*, de Mgr Pie, *sur Rome considérée comme siége de la Papauté.* Cette *Instruction* a déjà plusieurs années de date, mais elle a conservé tout son à-propos, et répond à toutes les objections de l'impiété et de la mauvaise foi avec cette force, cette clarté, cette précision, cet air d'autorité et de majesté épiscopale, qui rappellent la manière des Pères de l'Eglise et qui caractérisent tous les écrits de l'illustre successeur de saint Hilaire. (V. *Œuv. de Mgr Pie*, t. II, 511 et seq.)

Je n'ai pas la volonté de le recommencer. Je demanderai seulement : Où trouvera-t-on un entourage plus digne, plus respectable, qu'on me permette de le dire, plus honnête que celui de Pie IX ? Y a-t-il quelque part sur la terre un Roi, un Empereur, un Président de République qui ait une cour supérieure, ou même comparable à la sienne ? des ministres aussi sûrs, aussi intègres, aussi nobles de sentiments et de conduite, je puis ajouter sans crainte, aussi capables et aussi habiles ? Ah ! une calomnie est bientôt débitée, une plaisanterie est facilement lancée dans le public; mais cela ne prouve rien, sinon la haine mal déguisée et les intentions déloyales de ceux qui calomnient ou qui plaisantent. On aura beau dire et beau faire, la cour romaine sera toujours, au véritable point de vue auquel il faut envisager les choses, la première cour du monde, et le Pape est, certainement, la première et la plus haute Majesté qui soit sur la terre. Que les autres Majestés veuillent bien en prendre leur parti !

Mais qui n'a souvent entendu formuler, surtout dans ces derniers temps où les questions qui se rattachent à Rome prennent une si grande importance et sont débattues avec tant de chaleur, des griefs, des accusations contre le gouvernement de Pie IX ? On a signalé des vices de détail, quelques imperfections portant sur des points secondaires. Or, qu'on le sache

bien, il y a souvent dans toutes ces déclamations une exagération déplorable, pour ne pas
dire une tactique perfide. Et, en vérité, si on
voulait changer, renverser un gouvernement
parce qu'il n'est pas parfait et qu'il présente
quelques abus, je le demande, quel est donc
le gouvernement qui resterait debout ? On ne
songe pas, trop souvent, lorsqu'on se permet
certaines récriminations, que l'on parle contre
ceux-là mêmes que l'on a intention de défendre :
avec une injustice, on commet encore une
maladresse.

Et quand il n'y a pas exagération ni calcul,
il y a confusion d'idées. C'est un des caractères
les plus remarquables de ce temps de con-
fondre toutes les notions, de ne pas savoir
discerner les deux ordres, l'ordre naturel et
l'ordre surnaturel : de là naissent des préjugés,
des erreurs, des jugements faux qui amènent
dans les faits des applications fatales. Le gouvernement de Pie IX, en effet, j'entends au
point de vue même temporel, se préoccupe
nécessairement des âmes. Ce sont les âmes
qu'il veut atteindre ; et jusques dans les pres-
criptions qui semblent ne regarder que le
temps et l'ordre matériel, en définitive, le but
dernier, c'est l'éternité, c'est le salut des âmes.
Les gouvernements ordinaires ne se préoccupent
que des dehors ; pour eux le monde surnaturel
est comme s'il n'existait pas, et ils ne prennent
nul souci des choses intimes de la conscience.

Pourvu que l'ordre soit maintenu dans la rue, que la morale publique ne soit pas trop grossièrement insultée, pourvu, surtout, que la solidité du trône ne soit pas menacée, cela suffit. Mais au gouvernement du Vicaire de Jésus-Christ, cela ne suffit pas ! Cela ne peut pas suffire ! Voilà ce qu'il ne faudrait pas oublier dans ses appréciations.

On parle de réformes à faire, on prononce ce mot fameux et fascinateur, le grand mot du siècle, le progrès; et on dit que le Pape ne veut pas entendre parler de réformes, et qu'il s'obstine à arrêter dans ses Etats la marche du progrès : on en conclut qu'il faut lui arracher par la violence et les vexations ce qu'on ne peut obtenir par la persuasion et les accommodements. D'autres vont plus loin encore, et sont poussés par la logique de leurs systèmes à une conséquence plus radicale : ils soutiennent que ce gouvernement est fatalement frappé d'impuissance, qu'en raison même de sa constitution essentielle, il est rebelle à toute réforme, à tout progrès réclamé par les exigences de la société nouvelle; et qu'alors c'est une nécessité de le supprimer et de le détruire.

Faut-il répondre, une fois de plus, que Pie IX ne refuse nullement d'introduire dans son administration temporelle certaines améliorations dont les circonstances et les besoins de l'époque lui ont démontré l'opportunité et la réelle importance? Laissez-le à sa liberté, ne lui imposez plus cette pression sous l'influence de laquelle il ne serait pas de sa dignité de faire les concessions qu'on réclame, rendez-lui enfin, avec ses provinces injustement ravies, les ressources dont la spoliation l'a privé, et vous verrez s'il est rétrograde ou barbare. Mais n'ajoutez pas l'ironie à des procédés déjà trop coupables!

Dire, d'autre part, sans nulle restriction, que le gouvernement de Pie IX est essentiellement opposé à la civilisation moderne, c'est une absurdité compliquée d'un blasphème : c'est dire que la Providence a fait une chose inutile ou une chose impossible! C'est nier formellement la promesse de Notre Seigneur Jésus-Christ (1), et les témoignages les plus authentiques de l'histoire. Ah! si l'on entend parler, ici, de ces tendances mauvaises, coupables, anti-religieuses, que l'on remarque au sein de nos sociétés contemporaines, tendances condamnées par l'Evangile : sans doute, le gouvernement pontifical ne les approuve pas; loin de les favoriser, il les maudit: au lieu de chercher à marcher de concert avec elles, il ne désire que leur anéantissement. Mais jamais on ne pourra prouver qu'il soit nécessairement anti-pathique à ces tendances bonnes, justes, légitimes qui honorent l'homme et grandissent les

---

(1) Matth.. VI, 33.

peuples. Loin de là ! Et, au contraire, on doit affirmer que nul autre gouvernement ne comprendra mieux les véritables intérêts de la société moderne, et ne les dirigera avec plus de sûreté.

Je me contente d'indiquer rapidement toutes ces choses ; et faisant, sans doute, quelques réserves touchant certains points d'une moindre importance, je conclus en disant, sans crainte de me tromper, qu'après tout, le gouvernement de Pie IX devrait être le type et le modèle de tous les autres, et qu'on ne saurait faire un meilleur vœu pour le bonheur du monde et des sociétés que de souhaiter que tous les autres gouvernements ressemblassent à celui-là !

III. Et maintenant, veut-on savoir ce qu'est Pie IX dans ses rapports avec son peuple ? Pie IX est aimé ! Personne ne l'ignore, on ne cesse de nous le représenter comme un roi impopulaire, qui n'a plus les affections de ses sujets. Eh bien ! je l'atteste, c'est encore là une calomnie : ou bien alors, nous ne savons plus voir, nous ne savons plus entendre. Car, en vérité, tout ce que nous avons vu et tout ce que nous avons entendu témoigne des sympathies du peuple romain, de son amour profond, de son dévouement pour Pie IX.

Sans doute, il faudra faire des exceptions ; et, — il ne nous en coûte pas d'en convenir, — Rome, pour être Rome, n'en renferme pas moins dans son sein quelques misérables et quelques scélérats. Il peut y avoir là comme ailleurs de mauvais complots qui se trament dans l'ombre, et qui, peut-être, éclateront un jour. Eh quoi! où donc Satan et ceux qui font son œuvre sur la terre n'ont-ils pas leurs antres ténébreux et leurs conciliabules secrets? Mais pris dans son ensemble, depuis la femme du peuple jusqu'à la noble patricienne, depuis le simple ouvrier au fond de son atelier jusqu'au prince habitant ses somptueux palais, il est vrai de le dire, le peuple de Rome aime son souverain. Est-ce que je me trompe même, en affirmant qu'il n'y a nulle part, actuellement, un monarque qui puisse, sans s'abuser, se croire aussi sûr de l'affection de ses sujets?

Et cet amour, parce qu'il est sincère, n'est pas retenu captif dans les cœurs : il éclate dans de magnifiques et chaleureuses manifestations. Nous avons été témoin de quelques-unes, non sans une profonde émotion et sans une grande joie. Nous avons vu, plusieurs fois, Pie IX parcourant, dans tout l'appareil de sa royauté souveraine, les rues de sa capitale, acclamé par son peuple, salué par les applaudissements les plus frénétiques et les plus enthousiastes. Nous avons vu toutes les classes de la société romaine confondues dans un même sentiment et faisant entendre le même cri. Je sais bien que, dans les circonstances dont je parle les nombreux pèlerins présents à Rome ajoutaient beaucoup à l'éclat et à l'enthousiasme de ces ovations ; je constate même, à la gloire de la France, de la véritable France, que les voix qui dominaient toutes les autres étaient des voix françaises. Oui ! mais je proteste, en même temps, que les Romains s'y associaient énergiquement et entraient, quoi qu'on en ait voulu dire, pour une large part dans ce concert en l'honneur de Pie IX.

Assurément, jamais aucun souverain n'a reçu sur son passage de plus chaudes et de plus franches acclamations. Car, qu'on le remarque bien, ce n'étaient pas là des cris officiels ou officieux, des vivats mendiés et payés. Non, tout était libre, spontané, et il était facile de voir que ces cris partaient du cœur, et en exprimaient les sentiments les plus sincères en même temps que les plus ardents. Qu'on ne vienne donc plus désormais dire à la France que le Pape n'est pas aimé de son peuple ! Ce mensonge n'a plus de chance de réussir : il y a trop d'yeux qui ont vu, trop d'oreilles qui ont entendu, trop de bouches qui rediront et propageront partout la vérité !

On nous croira sans peine lorsque nous avouerons que nous étions mille fois heureux d'unir notre voix à ces voix, et de crier nous aussi de toute la force de nos poumons et avec tout l'amour de notre cœur : Vive Pie IX ! Vive le Pontife-Roi ! Et il me semble que tous ceux qui me liront me comprendront ici, et qu'au fond de leurs âmes, une voix fera écho à ma parole et répondra : Oh! oui, vive Pie IX! Vive le Pontife-Roi !

Je n'ignore pas que ce pauvre peuple romain est tristement travaillé : ce n'est que trop vrai. On voudrait, par tous les moyens possibles et par toutes les influences les plus dangereuses, éteindre dans son cœur tout amour pour son Pontife et son Roi. Ce que l'on met en œuvre pour arriver à ce but est à peine croyable; on ne néglige rien; on cherchera même à profiter d'une certaine faiblesse, de je ne sais quelle versatilité, quelle irrésolution qu'on s'imagine remarquer dans son caractère national. Mais, au fond, ce peuple est bon, et il aime Pie IX dont il sait parfaitement discerner les hautes qualités. Qu'on le laisse à lui-même, à ses propres inspirations, qu'on ne cherche plus à l'égarer et à le perdre par des doctrines fausses et corruptrices, que la Révolution ne vienne plus lui faire ses belles promesses pour le séduire ou ses terribles menaces pour l'effrayer, et on verra bien qu'il n'a pas d'autre désir que de continuer de vivre toujours, heureux comme il l'est, sous le sceptre paternel qui le gouverne.

Quoi qu'il arrive, au reste, je ne cesserai point de parler de Pie IX sans émettre cette pensée qui me frappe et qui me console, elle me semble découler de ce que je viens de dire; c'est que l'avenir lui rendra pleine justice, et que son nom brillera d'un immortel et pur éclat dans les jugements de la postérité. Oui ! sans parler ici des justices divines, un jour, lorsque cette fièvre qui donne à notre siècle de si étranges convulsions sera passée, lorsque les passions du moment seront calmées, et qu'une plume consciencieuse et impartiale voudra retracer cette période de l'histoire que nous traversons, il arrivera que bien des noms seront laissés dans l'oubli, que beaucoup d'autres seront voués au mépris que méritent trop ceux qui les portent; mais le nom de Pie IX ne périra pas; l'histoire le conservera, et elle n'aura pour lui que des respects et des bénédictions! Et cette noble figure du Pontife que Dieu avait prédestiné à gouverner l'Eglise dans ces temps mauvais apparaîtra, sereine et radieuse, au milieu de tant de fronts marqués plus ou moins du cachet de la honte, de l'injustice, de la félonie ou de la lâcheté ! Et alors, mieux encore qu'aujourd'hui, l'àme honnête sera consolée devant ce grand spectacle de la vertu persécutée pour la cause de la vérité, mais demeurant, au sein même de la persécution, ferme et résignée.

C'est ici la peine du talion ; et je dirai que les annales de l'humanité nous apprennent que c'est aussi une loi de la Providence divine. Or, Pie IX sait l'histoire : elle est écrite sur toutes les pierres de la Ville-Eternelle ; il sait qu'il y a eu des martyrs et des victimes avant lui sur la terre, même parmi ceux qui l'ont précédé sur le trône de saint Pierre ; mais il sait aussi que les noms des Papes les plus persécutés et les plus humiliés pendant leur vie, sont, aujourd'hui, les noms les plus glorifiés et les plus bénis.....

Malgré tout le charme qu'apportent ces pensées à un cœur catholique, il ne faut pas que je m'y arrête trop longtemps ; aussi bien, il m'en reste d'autres à développer qui ne sont peut-être ni moins consolantes ni moins utiles.

III.

Le fait dominant et le but principal du grand mouvement qui vient d'avoir lieu à Rome, c'est la cérémonie de la canonisation des vingt-six martyrs japonais et d'un autre serviteur de Dieu, le B. Michel de Sanctis. Je ne sais pas si le Souverain-Pontife, en convoquant par son initiative personnelle, avec une sorte d'inspiration divine, et à l'encontre d'avis opposés, cette immense réunion de fidèles, de prêtres et d'évêques n'avait pas d'autres intentions ; je soupçonne, toutefois, que la Providence avait là ses vues particulières qui nous seront dévoilées dans ce monde ou dans l'autre. Mais ce qui est certain, c'est que ces solennités, telles qu'elles se sont accomplies, telles que nous les avons vues, nous offrent de grands enseignements ; elles ont, ce me semble, une portée immense et une haute signification qu'il importe aux Catholiques d'étudier et de comprendre.

I. Et d'abord, sait-on bien, au fond, ce que c'est qu'une canonisation? Je n'hésite pas à le dire : c'est la glorification la plus haute, la plus éloquente qui puisse être faite sur la terre de l'humanité. Une canonisation, c'est la réhabilitation de l'homme, c'est la proclamation de sa grandeur, de sa dignité.

Ah! l'humanité est tombée bien bas par la chûte originelle; la violence de nos penchants nous entraîne comme irrésistiblement vers le mal : le désordre, le vice, la corruption, voilà les œuvres de l'homme déchu; et voilà, en même temps, les preuves les plus irrécusables et les plus douloureuses de sa misère et de sa faiblesse! Oui; mais, grâces à Dieu, il y a de nobles exceptions! Il se rencontre des hommes qui ont le courage de lutter contre le torrent qui emporte tout le reste, de s'élever jusqu'à la pratique des plus sublimes vertus, et qui prouvent ainsi à la terre, par des témoignages vivants, qu'il y a encore dans cette humanité si dégradée de nobles élans, de pures affections, des dévouements magnanimes. Ces hommes, ce sont les saints! Ils vivent inconnus ici-bas, peut-être méprisés; mais Dieu, du haut du Ciel, les contemple et les admire. Et l'Eglise Catholique, qui fait sur la terre l'œuvre de Dieu, n'oublie pas leurs noms, ni les généreuses actions de leur vie. Les années passent, les siècles même ; et quand le jour marqué par la Providence est venu, l'Eglise proclame ces noms, elle déclare héroïques les actions de ces vies, elle affirme que ces hommes sont des saints. Une canonisation, ce n'est pas autre chose que cela. Qu'on me dise s'il y a rien qui relève davantage la nature humaine ?

Pourquoi ne comprend-on pas ces choses ? Ah ! il faut plaindre d'une profonde pitié ceux qui en plaisantent ou qui en blasphèment. Assez d'autres méprisent l'homme, et assez d'hommes, d'ailleurs, sont méprisables : laissez, au moins, l'Eglise signaler quelques glorieuses exceptions ; laissez-la nous montrer le pur visage des saints pour nous consoler des turpitudes que nous voyons sur le front d'un trop grand nombre !

Il y a plus : telle est la dépravation humaine qu'au lieu de rendre nos hommages aux saints, nous allons, quelquefois, jusqu'à les prostituer à des idoles qui en sont souverainement indignes. Oserai-je employer cette expression ? Nous nous trompons étrangement dans nos canonisations. Car nous aussi, nous faisons des canonisations : et on voit, trop souvent, des hommes se prosterner devant la force, devant la fortune, devant le succès, quelquefois devant la boue ! Ils trouvent toujours le moyen de s'abaisser, même en face de ce qu'il y a de plus infime et de plus bas ; ils rendent des honneurs à ce qui ne mérite que des mépris.

L'Eglise Catholique, elle, ne se trompe pas ;
elle ne décerne la gloire qu'à ceux qui en sont
dignes : si elle nous demande de nous humilier,
c'est devant ce qui est grand : et il n'y a que la
vertu qui reçoive ses hommages et son encens !

Voit-on bien tout ce qu'il y a d'admirable
à-propos dans ces enseignements, qui ressortent
avec tant d'éclat des dernières fêtes de la canonisation ? Ce siècle étrange, dont nous sommes
les enfants, n'avait-il pas besoin qu'une autorité infaillible vînt lui rappeler ces grands principes de la morale humaine et sociale ? N'a-
vait-il pas besoin de se souvenir lui-même
qu'il n'y a que ce qui est respectable qui mérite les respects ? Que, devant Dieu, qui juge
toutes choses, non pas sur de trompeuses apparences, mais d'après la vérité, rien n'est
perdu, et que ce qui est vraiment digne de
gloire sera certainement glorifié un jour ? Que
les seuls véritables héros, enfin, les héros
« légendaires », titre qu'il ne faut pas profa-
ner, ce sont les saints ?

Et puis, dans quel temps l'Eglise vient-elle
nous proposer ces nobles exemples ? C'est lorsque le monde est plongé dans un sensualisme
universel : c'est lorsque les âmes énervées et
abaissées vers la matière semblent oublier leur
divine origine et leurs immortelles destinées :
c'est en présence de rudes épreuves auxquelles
on peut craindre que la foi des chrétiens ne
soit exposée quelque jour ; c'est quand il nous

faut à tous une grande énergie pour garder nos croyances religieuses intactes et solides ; c'est alors que l'Eglise nous montre des hommes qui se sont sacrifiés, qui ont méprisé toutes les jouissances de la vie, et la vie elle-même, qui ont résisté aux puissances de la terre, à toutes leurs caresses, à toutes leurs tortures, plutôt que d'abjurer leur foi et que de forfaire à la vertu !

Tous, d'ailleurs, à quelque âge et dans quelque position de la vie que nous nous trouvions, nous pouvons puiser là d'utiles leçons et de grands encouragements. Car, parmi ces saints, il y avait des prêtres et des religieux, et il y avait aussi des hommes du monde ; il y avait des enfants, des hommes mûrs, des vieillards : toutes les conditions et tous les âges de la vie se retrouvaient dans cette généreuse phalange de martyrs massacrés, il y a près de trois cents ans, à une extrémité du monde, et que l'Eglise vient de placer solennellement sur ses autels.

Oui, il faut le reconnaître, c'est une inspiration du ciel qui a guidé Pie IX dans cette circonstance, comme dans un si grand nombre d'autres. Et quiconque sait comprendre les conduites de Dieu peut voir ici une de ces interventions admirables de la Providence, dirigeant toutes choses du haut de son éternité, déroulant ici-bas la série des événements humains, et appelant chacun d'eux à l'heure qui convient, heure marquée d'avance dans les immuables décrets.

La sentence du *promoteur* dans la cause des martyrs japonais exprime nettement cette pensée : « C'est par un dessein très-sage de la
» divine Providence, dit-il, que la cause des
» martyrs japonais, qui touche aujourd'hui à
» sa fin, est appelée à recevoir son couronne-
» ment dans ces jours néfastes où le crime est
» arrivé à sa maturité... Ce sera un nouveau,
» un admirable modèle pour les fidèles de notre
» temps, un modèle qn'ils contempleront avec
» soin et qu'ils s'efforceront d'imiter dans la
» mesure de leurs forces ; de telle sorte qu'ils
» ne se laissent pas séduire par la ruse, ni
» effrayer par les menaces, et qu'ils conservent
» toujours toute l'intégrité de leur foi ! »

Et cette pensée encore n'éclatait-elle pas, en quelque sorte, de toute part dans la cérémonie de la canonisation? Ne pouvions-nous pas la voir autour de nous, noblement exprimée dans plus d'une heureuse et élégante inscription (1)?

On comprendra peut-être maintenant com-

______

(1) Nous traduisons littéralement une de ces inscriptions, placée sous le majestueux portique de Saint-Pierre. à côté d'un tableau de vaste dimension représentant le martyre des Bienheureux. Elle disait dans cette langue latine qu'on ne sait nulle part aussi bien parler et aussi bien écrire qu'à Rome : « Romains et étrangers, accourez tous! Tandis que la force impie nous épouvante, que la scélératesse foule tout aux pieds, que la vérité étouffée par le mensonge, s'obscurcit, contemplons la gloire de cette troupe invincible; applaudissons à son triomphe, et, pleins d'ardeur, imitons ses vertus et sa foi. »

ment une canonisation est un des plus grands actes que puisse accomplir sur la terre l'Eglise de Jésus-Christ ; et pourquoi, dans celle qu'elle vient de faire récemment, elle a déployé tant de pompe et tant de magnificences.

Essaierai-je de les décrire ? C'est dans la basilique Vaticane qu'elles se déroulent, basilique qui, de sa base au sommet le plus élevé de sa gigantesque coupole, ne présente elle-même que des chefs-d'œuvre d'une perfection et d'un prix inouïs, ce temple, le plus beau, le plus vaste qui ait jamais été élevé au vrai Dieu sur la terre ; c'est dans son enceinte sacrée, au milieu de décorations grandioses, d'inappréciables richesses, d'une illumination splendide qui nous faisait croire que toute la voûte du ciel s'était abaissée avec ses innombrables étoiles (1) ; c'est pendant que les voix imposantes des chantres de la Chapelle Sixtine, ces voix que l'on n'entend qu'à Rome, faisaient retentir les voûtes majestueuses, qu'apparaît ce cortége incomparable de religieux, d'évêques, de cardinaux, présidé par le Vicaire de Jésus-Christ lui-même, resplendissant de tout l'éclat de sa dignité et de sa puissance ! Et il y avait là quarante mille personnes témoins de ce spectacle !... Non ! jamais la terre ne peut rien présenter de plus magnifique et de

(1) *Trente-six mille livres* de cire avaient été consacrées à l'éclairage.

plus grand! Et je sens bien qu'après avoir vu ces fêtes, je ne puis pas espérer en voir d'autres qui les surpassent, si ce n'est au Ciel!

Le Ciel! mais n'est-ce pas lui que j'ai vu? N'ai-je pas contemplé l'Eglise triomphante environnée de ses vêtements de gloire et tressaillant de ses ineffables félicités? Et, en vérité, quand la voix vibrante du Pontife Suprême, après la décision solennelle, a entonné le cantique d'actions de grâces, cette belle hymne ambroisienne, que continue toute l'assistance, transportée d'émotion et de bonheur, tandis que les fanfares guerrières, les cloches de la Cité, la voix du canon du château Saint-Ange semblaient la porter à tous les échos du monde, n'était-ce pas le Ciel qui répétait l'éternel refrain de l'adoration, de la reconnaissance, de l'amour : *Saint, Saint, Saint, est le Seigneur, le Dieu des armées!* Oui! je puis dire. avec l'apôtre saint Jean : Moi aussi, j'ai vu la cité sainte, la nouvelle Jérusalem qui venait de Dieu et descendait du ciel comme une épouse parée pour son époux! (1) Mais, au lieu de chercher inutilement à donner une idée de ces fêtes à ceux qui n'en ont pas été témoins, qu'ils me permettent de leur dire, en empruntant les paroles de saint Paul : non, en vérité,

----

(1) *Et ego vidi sanctam civitatem Jerusalem novam descendentem de cœlo à Deo , paratam sicut sponsam ornatam viro suo. (Apoc XXI, 2).*

vos yeux n'ont rien vu, vos oreilles n'ont rien entendu ! (1)

Et voilà comment agit l'Eglise Catholique! Quand elle fait de grandes choses, elle les fait grandement! Elle sait mettre en tout le cachet d'une inimitable grandeur et d'une majesté surhumaine. Mais elle aime surtout à déployer ses magnificences dans ces fêtes de la canonisation des saints, fêtes rares, que chaque siècle contemple à peine deux ou trois fois dans le cours de sa durée (2).

(1) I Cor. II. 9. — Le *Journal de Rome* a donné un récit détaillé de ces fêtes; la plupart des journaux français l'ont reproduit : je n'y reviendrai pas. Qu'il me suffise de rappeler ici, comme confirmation de ce que j'ai dit un peu plus haut relativement à la santé du Souverain Pontife, que Sa Sainteté a parfaitement supporté les fatigues de cette longue cérémonie. La grande messe fut célébrée par Pie IX, entouré de cette illustre couronne de Pontifes, qui représentaient toutes les églises du monde. L'éminentissime cardinal Antonelli faisait les fonctions de diacre ministrant, et Monseigneur Nardi, auditeur de Rote, celle de sous-diacre apostolique. Après l'Evangile, qui fut chanté en langue grecque et en langue latine, Pie IX adressa une *homélie* à l'assemblée; la cérémonie, qui avait commencé à sept heures du matin, ne put être terminée qu'à une heure après-midi : il fut obligé, par conséquent, de demeurer à jeûn jusqu'à ce moment. Le soir, il reprenait le cours de ses audiences ordinaires. « Est-bien là, enten- » dions-nous dire de tous côtés autour de nous, un Pape » qui se meurt ?... »

(2) La canonisation du 8 juin 1862 est la 3ᵉ canonisation solennelle de ce siècle. La dernière qui inscrivit le nom du Bienheureux Alphonse de Liguori au Catalogue des Saints, eut lieu en 1839, sous le pontificat de Grégoire XVI.

II. Ce n'est pas tout ; ces fêtes renferment bien d'autres enseignements qui vont nous dévoiler l'intime et vigoureuse organisation de l'Eglise Catholique.

Quelle unité touchante ! Qu'y avait-il donc à Rome ? Des fidèles, des prêtres, des évêques de toutes les parties du monde. C'était, littéralement, l'univers entier rassemblé dans ce centre de l'unité. Il y avait là des enfants de l'Angleterre, de l'Allemagne, de la Belgique, de l'Espagne, de la Russie, de la France, de la France surtout ! Il y avait des représentants des deux Amériques, des îles sauvages de l'Océanie, des sables brûlants de la Guinée, de l'Abyssinie, de l'Asie-Mineure et du Ceylan. On y voyait tous les types qui existent dans les différentes régions du globe ; on y rencontrait tous les costumes ; on y entendait parler toutes les langues. Il y avait l'Orient et l'Occident se donnant la main, ou plutôt s'embrassant dans un baiser fraternel et dans une commune affection pour l'Eglise et pour son chef suprême ! Car tous ces chrétiens, tous ces catholiques n'avaient qu'une même pensée, qu'un même cœur et qu'une même foi ; tous agenouillés autour de la *Confession* de saint Pierre (1), récitaient le

(1) *Confession* signifie ici tombeau. C'est un mot de la langue chrétienne, et il est admirablement employé pour désigner le tombeau des saints qui ont souffert pour la foi et qui n'ont pas craint de la *confesser* publiquement.

même symbole; tous, voyant dans Pie IX le légitime successeur du premier Pontife, lui disaient : Vous êtes Pierre! *tu es Petrus!*

O magnifique unité de l'Eglise Catholique! Comme elle était là visible, palpable! Ah! on a voulu, dans ces derniers temps, semer des divisions : l'esprit de Satan est essentiellement un esprit de division et de discorde. On a voulu séparer le parti laïque de ce que l'on appelle le parti clérical : la réunion de Rome confond ces coupables manœuvres, et elle proclame que les catholiques véritables et fidèles sont indissolublement unis à leurs prêtres.

On a voulu, faisant je ne sais quelles catégories, plaçant d'un côté le clergé supérieur et de l'autre le clergé inférieur, séparer les prêtres de leurs évêques; on n'était pas éloigné de dire, sinon de penser, que les uns étaient les victimes du despotisme des autres, qu'ils n'aspiraient qu'à s'en affranchir et étaient bien loin, d'ailleurs, de partager tous leurs sentiments : la réunion de Rome démontre qu'entre le clergé inférieur et le clergé supérieur, il y a union parfaite; que les prêtres sont d'accord avec leurs évêques, heureux de marcher, à leur suite, à la défense de l'Eglise, et de rivaliser avec eux d'amour pour son chef.

On a voulu diviser l'épiscopat catholique; on a dit que les évêques français s'étaient émus à tort; qu'ils obéissaient, dans ces circonstances, à je ne sais quelles préoccu-

pations nationales ; on a voulu presque rape-
tisser ce grand et magnifique mouvement de
l'épiscopat français aux minces proportions d'une
agitation politique : la réunion de Rome prouve
qu'il s'agissait de tout autre chose ; que c'étaient
bien les intérêts religieux qui étaient en cause,
et que nos évêques n'avaient pas d'autres sentiments sur ces questions que leurs vénérables
frères de tous les autres pays de la Catholicité.

On a voulu diviser nos évêques entre eux ; on
a dit, et même en très-haut lieu, qu'il n'y
avait dans leurs rangs que quatre ou cinq
têtes ardentes, exaltées, quatre ou cinq *prélats
fougueux,* qui compromettaient, par leurs
emportements et leurs violences, leurs collè-
gues plus sages, plus réservés, comprenant
mieux la dignité de leur caractère et le but de
leur mission de conciliation et de paix. C'était
un langage plein d'adresse, mais qui manquait
de vérité ; et la réunion de Rome est venue lui
donner le plus solennel démenti. Tous les
évêques français présents dans la Ville Eternelle n'ont qu'une même manière de juger les
choses, tous signent le même Acte, et ceux
que des nécessités impérieuses retiennent dans
leurs diocèses adhèrent à toutes leurs pensées
et à toutes leurs paroles, en exprimant leurs
regrets et la douleur profonde qu'ils éprouvent
de ne pouvoir pas se joindre à eux.

Enfin, on a voulu séparer les évêques du Souverain-Pontife lui-même. On a cherché, en pre-

nant je ne sais quel ton d'autant plus perfide qu'il affectait des apparences d'intérêt, à dégager les évêques de toute solidarité dans les actes et dans ce que l'on appelle les obstinations du Pape et de quelques-uns de ses plus intimes conseillers, que l'on représentait comme mal avisés et compromettants. Tactique misérable, dont la réunion de Rome prouve, tout à la fois, la fausseté et l'impuissance! Les évêques pensent comme le Pape; ils approuvent tous ses actes; ils flétrissent ce qu'il flétrit; ils condamnent ce qu'il condamne, et ils lui déclarent formellement qu'ils sont prêts à le suivre partout, dans l'exil, dans la prison, sur l'échafaud, à la vie, à la mort!

Ah! vraiment, c'est un beau et consolant spectacle que celui qui vient d'être donné au monde! Voilà bien la bonne unité, non pas cette unité fausse, cet *unitarisme* moderne que l'on veut obtenir à tout prix, par les violences, par les spoliations, par l'injustice, par les massacres! Voilà la véritable union, non pas l'union matérielle et factice, l'annexion des territoires, mais l'union réelle, celle des pensées et des sentiments! Et, aujourd'hui, comme aux premiers jours de l'Eglise, il est donc vrai de le dire : il n'y a entre tous les vrais catholiques qu'un cœur et qu'une âme : *Credentium erat cor unum et anima una* (1).

(1) Act. IV, 32.

Et qu'on veuille bien remarquer à quel moment l'Eglise présente ce spectacle de l'unité, à quel moment les Catholiques viennent protester au Pape de leur fidélité et de leur inviolable attachement. Ah! c'est quand l'Eglise est inquiétée, c'est quand son chef est malheureux! Eh oui! et cela est dans la nature même des choses, et tient aux racines les plus profondes du cœur humain. N'est-ce pas, en effet, quand la mère pleure, n'est-ce pas quand le père souffre, que les enfants éprouvent surtout le besoin de se rapprocher d'eux, d'aller les assurer qu'ils les aiment, qu'ils sont prêts à les soutenir, à les défendre, et, s'il le faut, à mourir pour eux? Dans un temps ordinaire, cette réunion, telle qu'on n'en avait peut-être jamais vu de semblable, n'aurait pas eu lieu à Rome. Il fallait la persécution et le malheur pour la rendre possible.

Habituellement, dans ce monde, la fortune et la force ont de nombreux courtisans; la faiblesse et le malheur ne rencontrent que quelques rares amis, fidèles et dévoués. Mais il ne faut pas juger, ici, d'après les lois ordinaires, parce qu'il y a ici quelque chose de divin. Notre Seigneur Jésus-Christ avait dit autrefois : quand je serai rassasié de mépris et de douleurs, quand je serai cloué sur ma croix, alors, mieux que dans les jours de mon triomphe et de ma gloire, j'attirerai tout à moi : *et ego, si exaltatus fuero à terrá, omnia traham ad meipsum !* (1) Et vous aussi, ô Vicaire de Jésus-Christ, vous pouvez répéter, aujourd'hui, la parole de votre divin Maître ; vous pouvez dire, avec vérité, à votre tour : parce que je suis malheureux, parce qu'on me dépouille pour m'attacher sur un autre calvaire, mes enfants viennent à moi ! Mes souffrances touchent leurs cœurs, et, comme un aimant mystérieux, ont la puissance de les attirer : *Et ego, si exaltatus fuero à terrá, omnia traham ad meipsum !*

III. Il est une dernière pensée que rappellent trop naturellement les fêtes qui viennent d'être célébrées à Rome pour que je ne l'indique pas, avant de terminer. Quelle puissance, quelle vitalité dans l'Eglise catholique !

Que s'est-il passé ? Le Souverain-Pontife a convoqué tous les évêques du monde ; il n'a pas commandé, il n'a dit qu'une parole discrète et réservée, il n'a exprimé qu'un simple désir, et voilà que l'univers tout entier s'est ébranlé. Plus de trois cents évêques ont répondu à cet appel ; plusieurs ont entrepris de longs voyages, ils n'ont calculé ni la dépense, ni la fatigue, ni les conséquences d'une démarche qui pouvait soulever certaines susceptibilités de la part de pouvoirs ombrageux, peut-être même des colères, et ils sont venus ! Et, à la suite des évêques, voyez-vous ces innombrables

(1) Joan. XII, 32.

multitudes de prêtres et de fidèles qui accourent vers Rome des quatre points du monde? Quoi! un simple désir exprimé par un homme peut obtenir de semblables résultats! Mais où est donc la puissance qui soit comparable à celle-là? Où est le monarque qui puisse, je ne dis pas avec un ordre émané de son autorité, mais avec une seul désir de son cœur, amener de toutes les parties de son empire ses sujets à ses pieds? Non; les monarques ordinaires n'ont pas cette puissance : elle n'est donnée qu'au Représentant de Jésus-Christ.

Et voilà pourtant ce que peut faire un pauvre Pape, faible, destitué de tout secours humain! « Ceci prouve, dit un écrivain peu suspect, » qu'il y a encore, dans ce siècle de civilisation » matérielle, quelque chose de plus fort que » la force physique (1). » Quelle leçon, tout à la fois humiliante et salutaire, pour vous, ô rois de la terre, ô potentats de ce monde! Vous avez la puissance matérielle, Lui, il a la puissance morale! Vous avez les bras de vos sujets pour vous défendre contre vos ennemis, Lui, il possède leurs cœurs! Vous commandez aux corps, Lui, il règne sur les âmes! *Et nunc, reges, intelligite ; crudimini qui judicatis terram!* (2)

(1) Le *Spectator*, journal anglais.
(2) Psalm. II, 10.

Oui ! l'Eglise est encore pleine de force et de vie ! On avait dit qu'elle serait bientôt enveloppée dans son linceul, puis descendue dans un tombeau qui serait à jamais scellé. On répétait sur tous les tons que, si le passé lui avait appartenu, elle ne pouvait plus, du moins, compter sur l'avenir ; on la méprisait, tant elle paraissait réduite à l'impuissance et comme à l'agonie ! Mais quoi ! n'avait-on pas fixé l'époque de sa mort ? N'avait-on pas dit que, dans peu de temps, avant même que les fêtes qui se préparaient ne fussent célébrées, c'en serait fait d'elle, aussi bien que de la Papauté, et que le drapeau du nouveau maître de Rome, du *roi de l'Italie* flotterait sur le Quirinal et au sommet du Capitole ? N'était-on pas tenté de sourire de la simplicité des pèlerins catholiques qui, comme nous, plus confiants dans la Providence, s'acheminaient vers la Ville-Eternelle ?

Et voilà que l'Eglise vient de rendre des oracles comme dans ses plus beaux jours ! Voilà que son chef suprême prononce des décisions solennelles et continue de gouverner la société catholique, comme si tout était en paix dans le monde, comme si le flot de la Révolution ne montait pas, chaque jour davantage, menaçant de battre bientôt les marches du Vatican ! Pie IX déclare, du haut de son trône, usant d'un droit légitime et d'une puissance qui lui vient de Dieu, que des hommes ont pratiqué les vertus chrétiennes dans un degré héroïque , et qu'ils jouissent maintenant au Ciel du bonheur éternel. Et tout l'univers est attentif à cette décision; il l'accepte sans hésitation, ou plutôt il l'embrasse avec **joie**; et de toutes les extrémités de la terre, des voix répondent et disent : O Saint-Père, oui, nous croyons à votre infaillible parole ! Oui, ces hommes sont des saints : ils méritent nos hommages et notre confiance ; et chaque année , au jour fixé par Votre Sainteté, nous nous rappellerons plus spécialement leur souvenir, et nous nous recommanderons à leurs prières ! Puisque vous avez parlé, ô Pontife, ô Père, telle est notre foi : *Credo !*

Ah ! si ce ne sont pas là des preuves de la puissance et de la vitalité de l'Eglise catholique, où donc en trouverons-nous ? Est-ce bien là, je le demande, une société usée, agonisante, dont les cloches du Capitole ou le bourdon de Saint-Pierre doivent sonner, prochainement, les funérailles ? Ce n'est pas, du moins, le sentiment de ce correspondant protestant d'un journal protestant, qui écrivait de Rome sous l'impression que lui avaient causée ces fêtes : « Ceux-là sont » bien légers ou bien ignorants qui s'imaginent » qu'un trait de plume ou la publication d'un » traité suffiront pour détruire une Religion à » laquelle se mêlent les affections les plus » vives du cœur, ou bien qu'ils sont destinés, » eux ou leurs petits-enfants, à voir la chûte » d'une Eglise dont les fondements paraissent

» si solides, établis qu'ils sont sur un sol for-
» mé par tant de siècles accumulés. » (1)

Cependant, il pourra bien y avoir quelques
jours d'obscurité : ce n'est pas même une témé-
rité que de dire que la chose est probable. Et
qu'on ne nous prête pas le ridicule de croire que
nous nous abusons sur l'avenir; que nous n'at-
tendons plus que des triomphes, et que nous
nous imaginons que cette nouvelle force qui
vient de se révéler au sein de l'Eglise réduise
à néant tous les projets de l'enfer. Non ! il
n'en est rien : nous n'avons pas de pareils
rêves ; mais, nous ne craignons pas de le dire,
nous nourrissons au fond de notre cœur d'in-
vincibles espérances. Que Rome soit attaquée
et détestée par tous les ennemis de l'Eglise, il
n'y a rien là qui nous étonne. Rome est, si je
puis dire, le point culminant du Catholicisme
sur la terre, il est naturel que tous les efforts
et toutes les haines de l'impiété, sous quelque
nom qu'elle se cache, se dirigent de ce côté.
Mais, quoi qu'il arrive, nous savons que
rien ne prévaudra jamais contre l'œuvre de

(1) Le *Times*, 16 juin 1862. On comprend quelle est
la force de pareils aveux. Nous pourrions en citer d'autres pris dans cette longue lettre dont nous venons de
détacher un court passage. Ils ont d'autant plus de prix
qu'ils semblent arrachés à l'erreur par la force de la vérité, et qu'on les retrouve, d'ailleurs, à côté de mensonges, de mauvaises plaisanteries, et même de blasphèmes
contre le Catholicisme.

J.-C. Indépendamment des promesses divines, l'histoire nous a donné là-dessus des enseignements qui nous rassurent.

Sur l'obélisque qui orne la vaste place de Saint-Pierre, à Rome, en face de la basilique, j'ai lu, gravées sur le granit, ces majestueuses paroles, qui résument admirablement toute l'histoire humaine depuis la Rédemption, et qui parlent plus éloquemment que tous les discours : « *Christus vincit, Christus regnat, Christus imperat :* Le Christ est vainqueur, le Christ règne, le Christ commande ! » J'avais souvent lu ces paroles dans des livres ; il me semble que je ne les ai jamais mieux comprises qu'en les voyant sur l'obélisque du Vatican ; là, elles sont à leur place ! Or, ces paroles seront éternellement vraies. Elles pourront être effacées de dessus la pierre ; la vérité qu'elles expriment restera profondément gravée dans les faits de l'histoire.

Un jour, un grand Pape, Sixte-Quint, en relevant de terre cet obélisque, qui avait fait, autrefois, l'ornement du cirque de Néron, plaça à son sommet un morceau de la Vraie Croix, après avoir jeté au vent les cendres impures de l'empereur païen. Peut-être qu'il viendra un autre jour où je ne sais quel roi, dévoré, pour son malheur, de l'ambition de s'agrandir, abattra à son tour la Croix ; il se peut même que le peuple, dans une de ses heures de délire, demande qu'elle soit remplacée par le buste de quelque forban heureux ! Alors tout sera-t-il désespéré ? Non : jamais la victoire n'aura été plus prochaine ! La Providence, qui, pour employer une expression de Pie IX, ne reconnaît pas le système de non-intervention, ne se tiendra pas pour vaincue ! Un autre Pape viendra, la Croix sera rétablie, et l'Eglise verra un triomphe plus éclatant que jamais ! Puis, comme elle sera toujours l'Eglise militante, de nouvelles luttes viendront encore l'assaillir, pour lui donner, avec l'occasion de combattre encore, la gloire de triompher de nouveau. Car, ce n'est que dans le ciel qu'elle verra, et que nous verrons avec elle, l'éternelle paix et la victoire définitive !

Voilà quelques-uns des enseignements de ces grandes solennités dont nous avons été témoins, à Rome. Certes, il serait facile de les développer plus longuement, et d'en faire sortir de nouvelles considérations. Je suis loin d'avoir tout dit ; mais ce peu de paroles suffira peut-être à montrer combien ces enseignements sont graves. Aussi, causent-ils aux ennemis de l'Eglise des découragements et des dépits, qui égalent les espérances et les joies qu'ils apportent aux véritables catholiques !

Encore un dernier trait, un dernier souvenir pour arriver à une dernière conclusion.

Le Souverain-Pontife, heureux de voir un si

grand nombre de prêtres réunis à Rome, voulut leur en témoigner sa joie. Par son ordre, ils sont réunis dans la Chapelle Sixtine. Il désire leur adresser quelques paroles, de paternels conseils, et en même temps, leur annoncer qu'il a résolu d'offrir à chacun d'eux un souvenir commémoratif de leur pieux voyage.

Nous étions là plus de 3,000 prêtres réunis ensemble. On sentait qu'il y avait dans tous les cœurs je ne sais quel frémissement secret, je ne sais quel enthousiasme qui avait besoin d'éclater. Un prélat vint nous recommander, au nom du Saint-Père, de ne pas applaudir et de ne faire entendre aucun cri. C'était un ordre difficile à observer, mais on comprendra qu'il ne nous était pas possible de n'en tenir aucun compte. C'est d'ailleurs, nous a-t-on dit, une exigence du cérémonial romain, que lorsque le Pape a achevé de parler, dans des circonstances comme celle-ci, tout doit rentrer dans le silence.

Et cependant, le silence ne fut pas gardé ce jour-là. A peine l'Allocution pontificale est-elle terminée, que tout-à-coup, du fond d'une tribune, une voix se fait entendre et chante ces paroles : *Oremus pro Pontifice nostro Pio :* Prions pour notre Pontife Pie IX ! Et toute l'assemblée reprend d'une voix frémissante : *Dominus conservet eum, et vivificet eum, et beatum faciat eum in terrâ, et non tradat eum in animam inimicorum ejus !* Que le Seigneur le conserve, qu'il lui donne la vie, qu'il le rende heureux sur la terre, et qu'il ne le livre pas aux desseins de ses ennemis ! Et aussitôt, la même voix répète une seconde fois, mais avec une force nouvelle : *Oremus pro Pontifice nostro Pio !* Prions encore pour notre Pontife Pie IX ! Et tous continuent : *Dominus conservet eum et vivificet eum...*, etc. Oui, mon Dieu, conservez-le ! donnez-lui la vie ! Qu'il soit heureux sur la terre ! Qu'il ne soit jamais abandonné aux mains de ses ennemis ! Ce n'était pas assez pour nos cœurs : il fallait un troisième cri, ou, plutôt, il fallait redire une troisième fois, et avec une explosion de ferveur plus grande que jamais, la même prière : *Oremus pro Pontifice nostro Pio !* Prions pour notre Pontife Pie IX ! *Dominus conservet eum et vivificet eum...*, etc. Que le Seigneur le conserve ; qu'il lui donne la vie, et le bonheur, et la victoire sur ses ennemis !

L'enthousiasme était à son comble ; tous les cœurs débordaient ! Pie IX fut profondément touché de cette manifestation filiale ; il pardonna volontiers cette légère infraction aux usages ordinaires : c'était une faute qui venait si évidemment du cœur ! Pauvre bien-aimé Père ! on dit qu'il en pleura !... Ah ! du moins, ce que nous pouvons affirmer, c'est que ces vœux, qui s'élançaient de toutes nos âmes, étaient sincères !

Or, ces vœux sont ceux de tous les véritables Catholiques. Nous savons que les temps sont graves, et que si, dans ces circonstances déjà trop douloureuses, le voile de la mort venait à s'étendre sur le Vatican, les méchants se réjouiraient, et voudraient sans doute profiter de la tristesse et du deuil de l'Eglise pour hâter l'accomplissement de leurs coupables projets. Mais, tandis qu'ils forment ces rêves parricides, de tous les cœurs catholiques des prières s'élèvent vers le ciel. Elles demandent à Dieu, avec une persistance qui sera victorieuse, d'avoir pitié de son Eglise, et de conserver celui qui la gouverne, de lui donner la vie, une longue vie, la joie dont son noble cœur est si digne, le triomphe sur tous les ennemis qui veulent son abaissement ou sa ruine ! *Dominus conservet eum, et vivificet eum, et beatum faciat eum in terrâ, et non tradat eum in animam inimicorum ejus!*

Oui, voilà bien nos sentiments, à nous Catholiques ! Voilà nos désirs ! Voilà nos vœux ! Nous serions prêts à les manifester solennellement; et, quoi qu'il arrive, Dieu nous fera la grâce, il faut l'espérer, d'y être toujours fidèles.

Mais oserai-je dire que nous avons tous quelque chose de mieux encore à faire, un devoir plus sacré à remplir? Il ne faut pas l'oublier, en effet : le plus sûr moyen de travailler à la prospérité et à la glorification sur la terre de l'Eglise, et d'obtenir de Dieu qu'il veuille bien abréger pour elle les jours de l'épreuve, c'est de réaliser dans notre conduite tous les devoirs que nous impose notre titre de Catholiques. C'est aussi par là que nous lui donnerons la preuve la plus efficace et la plus incontestable de notre amour. Dans le temps où nous vivons, pas plus que dans aucun autre, sachons-le bien, le monde ne sera sauvé autrement que par la sainteté. Et, au milieu des douleurs du présent aussi bien qu'en face des appréhensions de l'avenir, l'Eglise, qui mieux que personne connaît l'économie des desseins providentiels, ne demande qu'une chose, des saints!...

En terminant ce travail, je l'avouerai, j'éprouve au fond de mon âme un double besoin : le besoin d'exprimer un souhait et de faire une protestation.

Ah! il ne nous a pas été donné, à nous simples prêtres, de présenter une *Adresse* au Souverain-Pontife, pendant notre séjour à Rome! Nous ne le devions pas. C'était le droit des évêques; c'était aussi leur devoir, et certes, ils l'ont rempli avec une dignité qui les honore! Et ceux de leurs frères dans l'épiscopat, à qui la Providence avait imposé la privation si vivement sentie de n'être pas réunis à eux, ont souscrit à toutes leurs paroles et approuvé tous leurs actes; et quelques-uns — nous oserons le dire avec une légitime fierté — l'ont fait avec une netteté et une vigueur remarquables. Tous, en parlant, exprimaient, avec leurs propres sentiments, ceux de leur clergé.

Je n'ai donc rien à ajouter ici : je ne suis rien, d'ailleurs ; mais il me semble, je suis sûr même, que je serai l'écho de tous mes frères dans le sacerdoce, et, en particulier, de tous ceux qui appartiennent à la même famille diocésaine, quand, empruntant des paroles épiscopales, je me permettrai de dire au Saint-Père :

Vivez longtemps, ô Saint-Père. et heureusement pour le gouvernement de l'Eglise Catholique : *Vive diù, Sancte Pater, valeque ad Catholicam regendam Ecclesiam!* C'est là notre souhait le plus ardent ! Et avec ce souhait, permettez-nous encore de déposer à vos pieds cette solennelle protestation : Nous sommes prêts, ô Saint-Père, à vous suivre partout et à aller, s'il le faut, avec Vous à la prison et à la mort : *Respondemus nos Tecum et ad carcerem et ad mortem ire paratos esse !* (1).

(1) Adresse des Evêques, 9 juin 1862,

Nota. — Des circonstances regrettables n'ont pas permis que ces quelques pages fussent publiées plus tôt. Depuis qu'elles ont été écrites, bien des événements, dont quelques-uns ne manquent pas de gravité, sont venus absorber l'attention ; en sorte que les faits qui sont rappelés ici paraissent déjà éloignés. Mais il ne faut pas oublier que les conséquences qui en ressortent demeurent

toujours. — Beaucoup de comptes-rendus de discours,
de lettres pastorales ont paru, dernièrement, sur ce
sujet : à côté de ces productions, ce travail paraîtra bien
pâle, sans doute, peut-être bien inutile. N'est-il pas
bon, cependant, que la vérité soit répétée sous toutes les formes, et qu'elle arrive de tous les côtés? Dieu,
d'ailleurs, ne dédaigne pas, quelquefois, de se servir
de ce qu'il y a de moins parfait pour produire un peu
de bien.

13 août 1862.   A. P.

Nantes, imp. M. Bourgeois, rue du Pas-Périlleux.